LA PETITE FILLE DE LAINE

Du même auteur

Aspre Oubliée (1995) Poésie

Le Prisonnier qui avait goût de sel (2006) Roman

Brave Nouvelle Terre (2009) Poésie. Collection « Asile Poétique »

Contes des Collines de l'Aspre (2010)

Le petit poisson et le clocher (2011) Conte

Le philtre de mal d'amour (2012) Conte philosophique

La Chapelle de La Trinité. Histoire et présence (2013)

L'enfant des Flower People (2014) Roman

L'autre femme (2014) Nouvelle

De la montagne vint une source (2017) Roman

Cathédrale (2022) Roman

MARIE PROUVOT-PIC

LA PETITE FILLE DE LAINE

et autres nouvelles

© Marie Prouvot-Pic, 2022

marieprouvotpic@gmail.com

Édition : BoD – Books on Demand, info@bod.fr

Impression : BoD – Books on Demand,

In de Tarpen 42, Norderstedt (Allemagne)

Impression à la demande

ISBN : 978-2-3224-9873-4

Dépôt légal : mars 2023

LA PETITE FILLE DE LAINE
suivi de
LA PLANÈTE DE GLACE
et de
L'AUTRE FEMME

LA PETITE FILLE DE LAINE

I

Il était une fois un petit pauvre, qui habitait les pages d'un vieux livre du temps jadis. C'était un livre qui racontait une histoire très pathétique et très mélodramatique.

Un soir d'hiver, les rayons de la bibliothèque dormaient, et pourtant, on était au temps de l'Avent, et, dans les airs, toutes les ondes vibraient de ci de là, pas toujours à l'unisson, mais de manière vive, pour annoncer le grand carillon de Noël. Alors, le petit pauvre eut envie de sortir des vieilles pages poussiéreuses de son livre.

Ce n'est pas facile de sortir d'un livre, il faut avoir une grande envie de voir du pays. Une grande bravoure aussi, surtout quand on est un personnage de pauvre de mélodrame, et qu'on a rien préparé pour le voyage, même pas le petit baluchon d'Olivier Twist.

Le petit pauvre risqua un œil par dessus les pages de son livre, et resta aux aguets. Il attendit qu'un mince rayon de lumière passât tout près, et aussitôt, il l'enfourcha sans hésiter, et il s'enfuit.

Hiver venait dans le lointain. Approchait décembre, le mois de Noël, le mois des guirlandes, des friandises, des contes et des cadeaux. Venaient aussi mille autres choses, des prospectus dans les boîtes aux lettres, des flocons de neige, pas toujours tombés des nuages, des lumières et des jingle bells plein la télé, et des Pères Noël à l'étonnante ubiquité.

Venait aussi, dans le cœur de certains, la peur, la peur de cette fête où solitude, pauvreté et désordres innombrables ne sont pas de mise, et font encore plus mal que dans les temps ordinaires.

II

Ce petit pauvre là était un petit pauvre fait pour les riches. Les riches sont émerveillés par cette sorte de petits pauvres. On n'en voit plus des comme ça. Pas braillard, pas râleur, pas méchant, pas délinquant, rien. C'était un petit pauvre sur mesure. On lui donnait quelque chose à manger, et il disait merci, et il mangeait de bon appétit, le pauvre, et il vous regardait avec ses grands yeux reconnaissants et éperdus.

Mais en chemin, Le petit pauvre s'égara. Il se retrouva catapulté bien loin de tout ce qu'il connaissait. C'était une cité de banlieue, avec de grandes tours, et des petits balcons. Les balcons n'avaient pas l'air trop mal, il n'y en avait pas dans son livre de petit pauvre, mais apparemment, personne n'y attachait d'importance.

Le petit pauvre essaya de fraterniser avec tous les copains inattendus, mais il se fit bousculer et traiter de nul et de zarbi. Et on lui dit, bouge de là, t'es chelou. Ils disaient tous, ta mère, ta mère, la tête de ma mère, et des choses comme ça. Mais lui n'avait pas de maman. Les petits pauvres dans les livres mélodramatiques n'ont jamais de maman. Ils sont orphelins. C'est un mot très joli et très émouvant dans les livres qui parlent des petits pauvres.

Il essaya de comprendre, et, comme il venait d'un livre, il avait une faculté de comprendre. Et il comprit qu'ils avaient la haine, et qu'ils ne voulaient pas avoir le cœur doux parce que le monde était dur. Mais alors, l'espace d'un instant, il y eut de la neige dans son cerveau, et quelque chose devint confus, parce que ce n'était pas dans son livre, et il ne savait plus si le rôle des pauvres c'était de partager ou de réclamer sa part.

III

Le petit pauvre marcha longtemps pour rejoindre le cœur de la ville. Il lui semblait que là, il retrouverait les connexions familières avec l'Allumeur de réverbères ou la Porteuse de pains. Le futur est une chose très étrange quand on sort d'un livre. Très étrange.

Alors, comme c'était le temps de l'Avent, et qu'on approchait de Noël, le petit pauvre entra dans une église, parce que, dans son livre, les petits pauvres croient au Bon Dieu et envoient mille gratitudes aux riches qui vont à la Messe et qui leur font des aumônes.

Il s'assit doucement près du Petit Jésus et lui parla. Il lui demanda quand est ce que les derniers seraient les premiers, et il lui demanda pourquoi les petits pauvres là-bas avaient la haine comme ça, et ne voulaient pas avoir le cœur doux.

Les enfants des livres connaissent bien l'autre réalité. Ils peuvent parler au Bon Dieu.

Jésus dit qu'il fallait avoir le cœur doux jusqu'au bout, malgré tout, et que là était toujours le secret. Et le petit pauvre pensa que Jésus encore s'en était bien tiré, mais ce n'est pas donné à tout le monde de ressusciter et on ne peut pas se permettre de courir ce risque. Pourtant, il pensa que Jésus avait raison, et il fut content d'avoir le cœur doux.

Le petit pauvre demanda à Jésus quand est ce que les Doux hériteraient la Terre, et Jésus lui dit qu'il fallait passer un seuil. Et que c'étaient les hommes de la Terre qui devaient faire venir ce seuil. L'enfant demanda : « qu'est ce que c'est qu'un seuil ? » S'il était venu de la cité, il aurait dit : « Un seuil, c'est quoi ça ? » Mais dans le livre dont il venait, même les petits pauvres qui n'avaient reçu aucune instruction parlaient un joli français.

Jésus expliqua. Il dit : « regarde l'eau, à un moment, elle devient solide, c'est de la glace. On appelle ça un seuil. Pour l'histoire de la vie, c'est pareil. Avant le seuil, il ne se passe rien. Après le seuil, personne ne peut empêcher qu'il se passe quelque chose.

— Personne ? Même pas les rois ?

— Surtout pas les rois.

C'est étrange comme ça marche, le monde. Même Dieu, qui l'a fabriqué, est obligé d'attendre des seuils, pensa le petit pauvre.

IV

Tandis qu'il restait dans la pénombre, et qu'il n'avait plus envie de parler de choses compliquées, parce que le Petit Jésus tout rose sur sa paille c'est mieux pour le temps de Noël, une petite fille entra dans l'église. Petite… pas vraiment. Elle devait avoir onze ou douze ans, comme lui.

Elle était vêtue chaudement, avec un beau pull-over de laine écru, un manteau fourré et des gants de laine qui lui faisaient des petites mains comme en ont les petites filles dans les rêves.

Lui, il avait toujours froid. Parce que dans les histoires pathétiques dont il sortait, les petits pauvres ont toujours froid.

Elle s'approcha de la crèche, et, tout près des pâtres avec leurs agneaux sur le dos, il y avait un ange vêtu de bleu qui recevait les pièces de monnaie et hochait la tête en signe de remerciement. La petite fille alla déposer quelques sous dans la fente, et l'on entendit le bruit des pièces qui tombaient, et ça faisait écho dans l'église.

Quand le petit pauvre vit la petite fille, il sut qu'elle appartenait à un autre monde que le sien. Il savait ce que cela voulait dire, qu'il n'y avait pas besoin de verrous, ni de murailles pour enfermer les gens, et les empêcher de se toucher. Comme petit pauvre sorti d'un livre, il avait la chance d'avoir une grande banque de données dans sa tête, de tout le passé, et cela, ce serait encore à la portée de tout le monde, mais aussi, du futur.

« Je ne suis pas un pauvre normal. Je sors d'un livre. Il y a des livres où les princes épousent des bergères, pourquoi pas le contraire ? Je trouve cette petite fille très mignonne. » songea-t-il.

Il s'approcha de la petite fille. Il était bien joli, lui aussi, un joli garçon, avec ses grands yeux à la fois résolus et un peu frondeurs, car la nature est une coquine, à toujours embrouiller les pistes avec ça, et donnant la beauté un peu à n'importe qui, sans se soucier de classes ni de castes, ni d'aucune autres sottises inventées par les hommes.

Elle lui sourit, et ils s'assirent tous deux dans la pénombre douce de l'église, et restèrent là, à regarder passer les gens devant la crèche.

La petite fille attendait sa maman, qui était allée voir Monsieur le Curé pour les collectes de Noël. Le petit garçon avait bien envie de savourer l'instant, mais la pensée lui vint soudain que, tout d'un coup, le charme allait se briser quand la petite fille partirait. Alors, il joua le tout pour le tout. Il pensa à son collègue, le Petit Poucet. Les enfants des livres ont toujours de mystérieuses connexions dans leur tête. Leur cerveau est branché sur une sorte d'Internet invisible qui s'appelle www. mémoire humaine. Et il comprit que la ruse était parfois nécessaire.

Il raconta alors une histoire invraisemblable, et néanmoins, la plus proche possible de la réalité.

Il dit que son père était un grand romancier, il se souvenait même du nom de l'éditeur marqué sur son livre, ce qui fit une impression remarquable. Et il sentit alors que le mur entre eux s'était dissout, et il eut l'impression de la connaître depuis longtemps.

V

Par la nef où résonnent les pas jusqu'aux voûtes et vitraux, comme une mémoire magnifique de tout l'humain devant le divin, il vit arriver une jeune femme vêtue d'un grand manteau qui flottait sur ses bottes, et il sut que c'était la maman. Il sut tout de suite que c'était une maman très belle et très merveilleuse, mais il sut aussi qu'il fallait trouver une solution très vite. Dans les pages de son livre de petit pauvre, il n'y avait pas de solution. Il s'y passait mille péripéties, mais chacun restait bien à sa place et tout y était toujours bien en ordre.

Pour le petit pauvre, en principe, il n'y avait pas de solution. Mais justement, lui, il était sorti des pages du livre. Il s'en était allé par le vent. Il avait pris la mer. Il avait été un obstiné. Alors il avait droit au nouveau monde.

***

Le petit pauvre vit que la petite fille avait un portable, et il lui demanda la permission de l'utiliser.

Il savait comment se servir d'un portable. Il le savait, à cause de cette mémoire du futur qu'ont les enfants des livres, qui peuvent avoir accès à toutes les données de l'humanité.

Le futur, c'est-à-dire ce qui arrive, l'événement, est sans doute le résultat des champs de forces qui le préparent. Si, de façon peut-être simple, mais toujours aussi mystérieuse, à n'importe quel endroit du Temps, on capte les champs de forces en route, on peut alors être connecté avec le futur et attraper des messages. Les hommes de la Terre ne comprennent pas cela. Tant qu'ils n'ont pas compris quelque chose, ils crient à la sorcellerie. C'est toujours la même chose depuis des siècles. Mais le petit pauvre sorti d'un livre se moquait bien de l'entêtement des hommes. Au début, il avait été un peu perdu, mais là, il utilisait innocemment toutes ses facultés.

Il appela un numéro inventé, et discuta avec un père virtuel. Ce n'est pas facile, quand on est un petit pauvre sorti d'un livre, de faire croire qu'on est un vrai enfant de la planète Terre, né du bon côté de la vie.

***

Il se passe des choses très invraisemblables le soir de Noël. C'est une vibration très particulière. Ce soir là, un petit bébé est né d'une femme qui n'avait jamais couché avec un homme. La vibration se perpétue. Le soir de Noël est le soir des invraisemblances. Et ce n'est pas le Pape qui viendra vous dire le contraire.

Le petit pauvre raconta que son père devait venir le prendre, mais qu'il n'avait pas pu avoir d'avion, et que alors, lui, se retrouvait tout seul, et sans rien, pour la nuit de Noël.

Le soir de Noël, si on vous demande d'héberger un étranger, et sa femme près d'accoucher, même si on vous dit que c'est un honnête charpentier, et qu'ils n'ont pas trouvé de place à l'auberge, vous allez avoir un petit mouvement d'hésitation. Mais un petit garçon aux grands yeux de petit prince, on n'hésite pas.

VI

Alors on l'emmena dans une grande maison toute chaude, comme on ne peut pas l'imaginer quand il fait si froid dehors. Et il y avait de grands tapis de haute laine, et des lampes partout pour faire des lumières douces et magnifiques. Et on l'installa devant un feu, et on lui prêta un pull très doux, qui, en plus, le rendait beau, et il pensa :

« L'histoire des riches, ce n'est pas que de la frime, c'est bien agréable aussi. » Et il eut envie que chacun goûtât ces merveilles.

Il mangea des coquilles Saint Jacques, du foie gras, et toutes sortes de petits canapés délicieux, du chapon aux morilles, et du filet de bœuf en brioche. Et sur la table scintillante, on servait des vins aux noms prestigieux, de ces vins que les riches buvaient déjà dans son livre de petit pauvre. Et pour dessert, il y avait des friandises exquises et du Champagne, et il pensa que le monde était un creuset de merveilles. Et il resta près de la petite fille longtemps, tout doucement, et même minuit sonné. Puis, il se coucha dans un lit qu'on lui avait préparé, et c'était si doux et si gonflé qu'on ne savait pas où s'arrêtaient les oreillers et où commençait la couette. Il y avait une chanson qui jouait en boucle sur le lecteur CD. C'était une chanson très douce et très tendre, qui parlait d'amour. Il écouta la chanson une fois, deux fois, puis s'endormit.

    Il s'endormit, et les draps sentaient quelque chose comme une grande lessive au ciel d'été, quelque chose de très doux et de très ancien, quelque chose qui appartient aussi à la mémoire des petits pauvres. Même quand ils n'ont pas de maman. Tous les enfants ont la mémoire du linge propre. Et de la longue mémoire humaine, le cadeau du linge lessivé et séché au soleil, toute femme aussi en a sa part, où qu'elle habite dans la réalité du monde.

VII

Le lendemain, néanmoins, l'inquiétude s'éveilla en même temps que lui. Il pensa à la petite fille, et son cœur fut voilé de tristesse. Il eut un instant la tentation de lui raconter toute la vérité. C'était un petit pauvre au cœur noble, et il n'aimait pas vivre en racontant des mensonges. Dans le livre dont il venait, le petit pauvre ne mentait jamais. Il avait des grands yeux clairs, qui vous regardaient en face. Son cerveau n'était pas bien programmé pour mentir, et là, il ne savait plus.

Il la vit devant un petit écran, et il y avait des boîtes de plastique, avec des titres marqués dessus, et à l'intérieur de ces boîtes, on enfermait des histoires. Et il n'y avait même pas de pages pour sortir de là. Alors il eut peur qu'elle le mette là-dedans pour toujours. « Je ne t'oublierai jamais, » dit-il, « et je viendrai te voir. Mais je dois partir. »
Il ne s'était pas enfui des pages d'un vieux roman mélo pour aller s'installer dans une histoire où il y aurait un petit chien, des parents qui sont tirés à hue et à dia entre travail, famille, et leur âme qui appelle au secours pour rester vivante, et des enfants effrontés qui dictent des le-

çons aux adultes, comme s'ils connaissaient la vie. Parce que les enfants habitent encore dans la lumière blanche, et ne savent rien du Paradis perdu. Il ne voulait pas, non, il ne voulait pas. Il s'était enfui pour voir le monde, et il le verrait.

Alors il s'en alla, et il fut triste. Elle était si jolie, et si douce, et si chaudette, avec ses petits gants de laine.

Et le petit pauvre s'en fut, à cause de la mer qui était très grande, et très bleue et très belle. Il s'en fut, à cause de sa vaste écume et de ses embruns qui avaient goût de sel. Il s'en fut, à cause du vent, dont le monde est grand.

Il s'en fut avec, au cœur, la petite fille de laine, pour toujours.

LA PLANÈTE DE GLACE

I

Quand Moïra se retrouva sur la Planète de glace, elle ne comprit pas tout d'abord. Les choses dans sa vie terrestre ne « fonctionnaient » plus comme avant. Les efforts ne portaient plus de fruits, quand ce n'était pas l'inverse, les amis étaient perdus, ou bien ceux qui essayaient d'aider faisaient plus de tort que de bien, et le cœur était enserré dans un étau inconnu et profondément douloureux.

Sur la Planète de glace, le paysage, si on peut l'appeler ainsi, était particulièrement peu engageant. Il est des étendues glacées où resplendit la lumière sur une transparence bleutée, et qui, malgré tout, réjouissent le regard. Là, point du tout. Une brume grisâtre enveloppait toute la planète, un froid sibérien y régnait partout, et un hiver absolu y était la seule saison. Nul n'y comptait les mois ni les jours, et nul n'aurait pu dire de quand datait la dernière neige, mais une épaisse couche glacée en recouvrait la surface à l'infini.

La Planète de glace est toute proche de la Terre. Pourtant, aucun télescope ne l'a jamais observée, aucune équation n'a jamais permis de la découvrir, aucune sonde spatiale ne l'a jamais ni détectée ni explorée. Elle n'appartient pas à la Matière, elle appartient à une autre réalité, mystérieuse et inconnue des hommes.

***

Pourquoi Moïra se retrouvait-elle catapultée là-bas, alors que son corps terrestre continuait péniblement de survivre dans la vie de tous les jours, elle ne savait pas. La planète de glace est l'état du cœur quand l'âme connaît l'Epreuve du Paradis Perdu.

II

Tandis qu'elle essayait de scruter le brouillard, et que son corps frissonnait à la limite du supportable, elle entendit comme une voix presque intérieure, mais très claire :

— Tu es là maintenant, dans cet univers glacé, mais tu as droit à la fontaine. Près de la fontaine, tu n'auras pas froid, et tu pourras voir un peu à travers la brume. Tu pourras te construire un igloo pour survivre.

Moïra sentit alors une chaleur étrange derrière elle. Elle se retourna, intriguée. La fontaine était là, rougeoyante, comme un petit flot de lumière qui retombait et se renouvelait sans cesse

Des milliers et des milliers d'êtres sont sur la planète de glace. Certains peuvent avoir la fontaine, mais d'autres sont emprisonnés dans la glace, et leur corps-lumière est réduit à presque rien, et pourtant, ils n'ont pas vraiment fait de mal. Ils gisent là, tandis que leur corps terrestre et leur cerveau continuent de s'agiter en bas, dans la frénésie du paraître et les gesticulations douloureuses de l'égo.

III

Moïra s'approcha de la fontaine. A côté, il y avait un instrument brillant, comme une scie à bûches. Elle le ramassa, et elle comprit qu'il fallait commencer à construire l'igloo. A travers la brume, elle crut distinguer au loin d'autres igloos mais resta sur place, car le froid était si intense qu'elle ne pouvait pas s'éloigner de la fontaine. Elle s'appliqua à découper soigneusement les petits blocs de neige dure, en dessinant un léger biais pour pouvoir les détacher plus facilement et ériger ce petit abri de fortune, comme il est sans doute enseigné aux jeunes aventuriers des neiges, mais qui là lui venait presque par instinct immémorial de survie.

Pendant ce temps, sur la Planète Terre, elle continuait résolument sa tâche. Outre le travail pour « gagner sa vie », il fallait s'occuper des enfants, faire les courses, les repas, payer les factures, changer les pneus, monter la bouteille de gaz, déboucher le filtre de la machine à laver, répondre au courrier, visser une ampoule, étendre le linge, trier les chaussettes, descendre les poubelles, passer la serpillière, arroser les fleurs, décaper le four, recoudre les boutons...

Et pourtant, constamment, il y avait cette souffrance sans nom qui lui pesait sur le cœur, car elle avait perdu l'harmonie élémentaire.

Quelque chose comme une lumière qui s'éteint...
Mais la lumière ne s'éteint pas. Peut-être certains font des choix irréversibles. On ne sait pas exactement. Le domaine du mauvais est trop dangereux à explorer. Mais si la lumière ne s'éteint pas, c'est alors que l'on habite la Planète de glace.

IV

Moïra avait un collègue de travail avec qui s'était tissée une étrange complicité. Leur rapport n'était pas du tout dans la séduction, mais au contraire, plutôt dans la confidence. Ils se parlaient, ils se souriaient, ils s'estimaient. Lui gérait sa vie au mental et à la volonté. Il était en instance de divorce d'une première femme, et en instance de rupture d'une nouvelle venue dans sa vie. C'était un homme actif et ambitieux, avec juste, derrière sa carapace, une fragilité au niveau du cœur comme il est conté dans les histoires sentimentales.

***

La jeune femme avait cru discerner, derrière ses allures de battant, et son mépris pour les « losers », quelque chose qui se serait craquelé à la base, une fissure, et qui l'aurait ébranlé, bien qu'il n'en soufflât mot à qui que ce fût, dans sa certitude qu'il suffit sur terre d'en vouloir pour gagner.

Une certaine plaine de Waterloo, et une certaine île de Sainte Hélène firent réfléchir ainsi un homme autrefois.

Il dut sans doute méditer longuement là-dessus, lui qui disait du temps de sa gloire, quand on lui recommandait un jeune officier : « Je veux bien croire qu'il a du mérite, mais a-t-il de la chance ? »

V

Un jour, comme la jeune femme était sortie de son igloo, après avoir pris un grand bol de chaleur pour résister, et comme elle voulait essayer de voir un peu à l'entour, elle aperçut non loin et gisant sous une épaisse couche de glace, un corps. Elle s'approcha et, à travers la transparence, elle crut reconnaître cet ami, cet homme qu'elle voyait tous les jours au travail. Les êtres proches sur terre peuvent se retrouver ainsi proches sur la Planète de glace, il n'y a pas de hasard, ceci appartient au fonctionnement de l'Invisible, au fonctionnement du Temps.

Le Temps, ce ne sont pas que des calendriers et des pendules. Et l'exploration du Temps, ce n'est pas que voyager dans le passé ou dans le futur. Le Temps, c'est aussi là où se fabriquent les objets du Temps, c'est-à-dire les évènements, et c'est aussi les endroits du destin où l'on se trouve. Et c'est aussi le déroulement de la vie, dont on s'efforce de connaître la genèse, surtout de découvrir si elle nous incombe ou non, et dont tous les méandres et la finalité nous échappent.

***

C'était bien difficile de savoir pourquoi on se retrouvait sur la planète de glace. Peut-être simplement d'être allé trop haut, et pas nécessairement dans l'ambition, aussi, qui sait, dans l'exaltation, voire le mystique, la poésie, il n'y avait pas de réponse exacte, on ne savait pas. « La chute d'un ange », « Une saison en enfer », « Ma seule étoile est morte »… On ne savait pas.

VI

Tout ce que Moïra savait, c'est qu'elle était là, et que tout près, immobile, figé, se trouvait cet être si proche d'elle, si douloureusement désormais fâché avec le bonheur, si inexplicablement soudain abandonné par la vie.

Pourtant, elle n'aimait pas particulièrement tous ces êtres sûrs d'eux-mêmes. Sa sympathie allait toujours vers ceux qui sont maladroits, introvertis, malchanceux… Et combien plus douces au cœur lui étaient les histoires de Pierre Richard, ou du Petit Homme incarné par Chaplin, ou du malheureux Charlie Brown aux prises avec son cerf-volant, et livré à l'autoritaire et manipulatrice Lucy, sans parler de ses BD préférées, qui étaient, bien sûr, Gaston la gaffe et le grand Duduche. Et son admiration allait toujours vers les créateurs qui avaient eu cette faculté de résilience, mettant en scène ces Petits Poucets, volant ainsi les bottes de sept lieues à l'Ogre tout puissant.

Pour sa part, elle était, elle le savait bien, de ces femmes qui ne seraient jamais solaires, qui ne graviraient jamais de tapis rouge et qui ne descendraient jamais majestueusement un escalier. Elle avait toujours l'impression que son cerveau était dans une sorte de brume, non qu'elle manquât de clarté au niveau des tâches quotidiennes, mais plutôt une sorte d'impossibilité de mettre les choses en ordre, toujours approximative, toujours à parer au plus pressé, toujours à s'entortiller d'excuses… Et peut-être que ce flou constant en fait la réconfortait, lui laissait comme une marge de manœuvre avec les autres, et leurs exigences, et leur mise de pression épuisante.

Et si elle était attirée par cet homme, c'était peut-être à cause de cette faille qu'elle percevait en lui. Si tant est qu'un jour, on puisse jamais expliquer les attirances mystérieuses des uns et des autres.

VII

Moïra s'agenouilla doucement près du corps sous la glace, et elle essaya de briser l'étau, mais bien sûr, elle n'y parvint pas. Alors elle chercha l'endroit du cœur, posa sa main dessus, mais sa main avait déjà perdu presque toute sa tiédeur. Alors elle y posa ses lèvres et elle sentit que la glace fondait légèrement sous sa bouche. Comme le froid extérieur devenait intolérable, elle se releva et revint à l'igloo. Mais sa décision était prise. Elle reviendrait, le plus souvent possible et le plus longtemps possible, jusqu'à libérer le cœur de sa gangue de glace.

Renouant ainsi avec quelque chose de très ancien, tout à la fois primitif et éternel, comme le baiser qui réveilla la Belle au Bois Dormant, ou le Prince qui se pencha sur le cercueil de verre de Blanche Neige... Toutes choses venues de la nuit des Temps pour raconter l'histoire du cœur perdu, prisonnier du mal, et ressuscité par l'amour, mais inversant ainsi les rôles ancestraux, signe peut-être des temps qui changent.

Elle revint et revint, et revint encore. Elle posait ses lèvres sur l'endroit du cœur, et restait doucement dans la tiédeur fugitive de l'instant. Tous les jours, la glace s'amincissait, et elle avait la sensation que, plus elle réchauffait de l'extérieur, plus une énergie intérieure se dégageait, lui donnant ainsi courage et espoir, non seulement de cette réponse silencieuse, mais aussi parce que le processus semblait ainsi s'activer et s'accélérer.

Un jour, enfin, elle crut sentir sous sa main la couche de glace toute mince et fragile. Elle appuya un peu, et la glace céda, et dessous, elle vit, sous la peau, le cœur qui battait.

VIII

Ce jour là, sur la planète Terre, un homme et une femme finirent leur journée de travail, comme tous les jours. Mais en sortant, il s'approcha d'elle et lui proposa d'aller boire un verre. Ce qui n'était pas très original, bien sûr, mais ce n'est pas parce qu'on a traversé l'Epreuve de la Planète de glace qu'on ne peut pas se rencontrer dans un troquet, comme tout le monde.

Elle accepta, et, tandis qu'ils approchaient du troquet, leurs mains se touchèrent « par hasard », et aucun des deux ne refusa l'aveu. Alors il mit son bras autour de son épaule, et elle glissa le sien dans son dos, et ils s'embrassèrent, renouant ainsi avec la vibration éternelle du baiser de l'Hôtel de Ville, le long des rues où passe la vie et où courent les gens, dans ce noir et blanc d'un baiser qui est le soleil du monde.

Le lendemain, sur la Planète de glace, un des corps enfermés dans la glace avait disparu. Et tout près de là, un des igloos aussi avait disparu. Et ce n'était pas à cause de la brume.

L'AUTRE FEMME

I

Dans le Café de France, on avait cette sensation magnifique qu'on ne trouve que dans les cafés. On était une semaine avant Noël. Il faisait très froid. Un froid tout piquant, tout vif, comme on en a parfois dans le pays. Il avait neigé quelques jours auparavant. Pas neigé seulement sur l'altitude, sur le Canigou ou la Cerdagne, comme toujours, ni même seulement sur les collines de l'Aspre, il avait neigé jusqu'à Arles, jusqu'à Céret. C'était doux et chaud et brillant derrière les vitres du Café de France.

Quelque chose se passe dans les cafés. De s'asseoir là et d'attendre que la vie s'écoule, et puis aussi, la liberté, la liberté d'entrer, de n'avoir de comptes à rendre à personne, de n'avoir ni à donner son nom, ni ses coordonnées, ni à dire pourquoi on est là, ni à s'excuser de déranger, et de pouvoir partir sans promettre de revenir, sans se préoccuper de donner congé, sans se demander si on avait gêné...
Une sorte de simplification de toutes choses, juste à cause des sièges et des tables le long des vitres tout embuées de bien-être.

Beaucoup de personnes s'assoient dans les cafés sans songer à tout cela. Mais Maud, elle, il fallait toujours qu'elle réfléchisse sur tout. Maud n'avait pas l'habitude des cafés. Et tandis qu'elle se racontait dans sa tête toutes ces choses sur les cafés, et la liberté, et tout ça, elle n'avait jamais été, en fait, aussi mal à l'aise.

II

Maud s'était assise sur un quart de chaise, le duffle-coat jusqu'au cou, l'écharpe bien enroulée, le sac encore sur l'épaule, prête à partir, prête à rester, ne sachant trop, petite, impatiente, solitaire. Elle avait commandé une bière, s'attendant à voir arriver un grand verre de liquide blond avec de la mousse blanche au dessus, mais, comme elle n'avait pas l'habitude, elle ne savait pas qu'il fallait dire « un demi ». Le garçon lui avait proposé la « Bière de Noël », et, sans doute, son murmure à peine audible avait dû ressembler à un « oui », car on lui avait apporté une grande coupe dorée, particulière à ce temps de l'année.

Maud avait envie de partir. Pourtant, elle goûta la bière, puis but une longue gorgée, et la lumière du Café vint scintiller à travers le verre tandis que ses yeux perçaient le beau liquide ambré, et une douce sensation vint lui apaiser le cœur.

Tania allait arriver, c'était sûr. Tania était une vieille amie de Maud, mais elles ne se voyaient que de temps en temps, et là, justement, l'autre jour, devant la bibliothèque, Tania lui avait présenté Philippe. Ils étaient allés prendre un verre tous les trois, ils avaient parlé un peu, pas longtemps. Philippe avait un timbre de voix chaleureux, mais réservé, comme un arrière fond d'enthousiasme qui se serait, non pas éteint, mais retenu. Maud avait ressenti avec lui une mystérieuse complicité, une sorte de douceur dans l'acceptation des choses de la vie, comme il ne s'en trouve pas dans les cœurs juvéniles.

Tania connaissait bien Philippe. Tania connaissait tout le monde. Quand elle arrivait au Café, c'étaient des bonjours de tous les côtés, des bises, et puis du bruit, des chaises qui s'arrondissaient autour de la table, des rires, des tournées. Tania semblait être l'exact contraire de Maud, mais qui connaît le cœur de chacun ?

D'après Tania, Philippe venait souvent au Café de France, et pour Maud, c'était ça l'important. Donc, peut-être là, elle le reverrait. Pourquoi elle n'arrivait pas à décrocher sa pensée de ce garçon, à peine rencontré, à peine entrevu, elle ne savait pas, mais pour l'instant, ce n'était pas trop désagréable comme sensation. Sauf qu'il fallait absolument que Tania arrive. Et surtout pas Philippe avant elle ! Après, ça irait, ça noierait le poisson !

Et dire qu'il y avait des gens qui se rencontraient sur Internet, et elle, il fallait toujours qu'elle soit vieux jeu, l'émotion, l'attente, le rêve, la peur... La peur de bredouiller, d'être ci, ou ça, ou le contraire, d'être mal coiffée, de porter justement le pull qui ne lui allait pas, parce que son préféré séchait encore, la peur de soi, la peur des autres, la peur...

***

Enfin, Tania arriva. « Ne reste pas dans ton coin, viens t'asseoir là avec nous », dit-elle en l'invitant à un groupe où Maud ne connaissait personne. Maud eut juste le temps de souffler un peu, de dénouer son écharpe, de se caler un peu sur une chaise, et déjà, Philippe entrait.

III

Ce fut la tournée des bises, et Maud pensa que, elle aussi, y aurait droit, et elle remarqua qu'il l'embrassait en dernier, ce qui n'était pas mauvais signe, et de plus, leurs regards se croisèrent, et c'était doux.

Maud n'était pas une enfant, et, un instant, elle sourit en elle-même. On aurait dit les tests où il faut mettre des croix devant des options de comportement, du style « Quelle sorte d'amoureuse êtes vous ? » dans Marie-Claire ou dans Jeune et Jolie . Mais peu importait. Il y avait quelque chose de beau et de clair sur Philippe, comme une blondeur de la Terre au solstice d'été, et Maud laissa la sensation la traverser. Elle resta toutes ces longues minutes dans la conscience unique et totale de la présence de l'autre, à la fois tout juste supportable, et délicieuse.

Pour Maud, ce n'était pas la première histoire d'amour, mais elle ne s'était jamais sentie aussi frêle. En fait, cela faisait huit ans qu'elle menait une vie de nonne. Comme on était loin des espérances de l'après Mai 68 ! Tout s'était refermé sur « Travail Famille Patrie » à une vitesse !... Avant même qu'on s'en soit rendu compte. Et Maud admirait Tania parce qu'elle avait su garder cet esprit libertaire et un peu insolent, et qu'elle savait tenir la dragée haute aux garçons.

Il se passa un temps impossible à mesurer. Maud était comme sous l'eau, et en même temps dans un état de suavité indicible.

A un moment, entra Tony, le copain de Tania. Enfin, son copain « fixe », car Tania disait toujours : « Fidèle de cœur, ça m'arrive, mais j'aime bien aussi les petits voyages par côté ! ». Pour Maud, à vrai dire, c'était un langage incompréhensible, on aurait presque dit du langage de garçon, mais c'était pour ça qu'elle admirait Tania, pour ce courage qu'elle avait de la liberté. Maintenant, pourquoi son « copain », c'était ce vieux macho de Tony, jaloux comme un tigre, et coureur invétéré, il aurait sans doute fallu chercher loin dans le subconscient de chacun pour y comprendre quelque chose !

Pour Maud, les luttes des années 70 avaient toujours été empreintes d'un idéalisme profondément romantique, et mille idées lui étaient restées au cœur, de ce mouvement qui avait emporté sa jeunesse dans un tourbillon de force, d'espoir, de liberté, d'honnêteté. Depuis les filles aux seins nus de l'après Woodstock, à « L'Utopie ou la mort », ou au « Demain la tribu » du journal « Actuel », le journal underground qui était de la folie à l'époque, mais de la folie intelligente, jusqu'à cette couverture inoubliable de ce même journal, avec cette fille en larmes et la phrase « A bas la société mâle ! »

***

La femme, élevée et toute formatée dans une société régie par les valeurs masculines, les rapports de forces, la domination, l'intimidation, l'ascendant exercé, et qui n'avait comme seul moyen d'être l'égale des hommes que de les imiter...

La femme, qui avait jeté au feu ses dessous de dentelle, pour refuser le machisme régnant, et qui avait porté ses revendications non seulement de la République à la Bastille, mais dans une mentalité nouvelle, créant ainsi, malgré l'entêtement des idées reçues, un mouvement profond et vital.

IV

Tandis que le temps avançait, et que, petit à petit l'effervescence de l'heure de l'apéro s'amenuisait, Tania sortit de son abondance volubile pour dire à Maud : « ça te dit, Maud, tu viendrais avec nous ? »

— Avec vous, où, comment, quoi ?

— Philippe nous invite à faire une petite bouffe chez lui, ça te dit ?

— Euh, oui, oui, pourquoi pas.

C'était incroyable d'être hébétée comme ça, c'était incroyable d'être frêle comme ça, comme si elle n'avait jamais rien vécu !

***

Ils partirent dans le froid. Quelque chose comme une minuscule Sibérie qui s'accrochait aux petits buissons de l'hiver. Ils passèrent à côté des décorations de Noël dans les rues, les rennes et le traineau du Père Noël, et les pingouins sur une fausse banquise, les sapins, les guirlandes… Le soir tombait. Il y avait quelque chose de magique dans l'air…

Quand ils entrèrent chez Philippe, un frisson de bien-être traversa le corps de Maud. Ils s'assirent autour de la table. Maud était là, avec sa petite écharpe sur le duffle-coat, et les mains dans les poches. Dans les poches, pour plus de sécurité, plus de je suis là, mais je ne suis là pour personne. C'est très difficile, l'autre, quand on a peur de souffrir ou de faire souffrir.

Chez Philippe, c'était tout doux. Une musique de soleil, de ces années après Woodstock, où on croyait que le monde ne serait plus jamais pareil. Qu'est ce qu'elle faisait là avec sa trouille, et ses mains dans les poches de son duffle-coat, et son regard un peu hésitant vers Philippe, et quelque chose qui poussait dans le fond d'elle vers lui, et elle se demandait qui et quoi et quand et pour combien de temps, et pourquoi lui, et je ne sais pas, et je ne sais plus, et je ne veux pas savoir... Et quelque chose lui donnait conscience de ses seins comme s'ils étaient nus.

Tania parlait, riait, toujours semblable à elle-même, et toujours dans cette séduction qui lui était propre, exubérante et décalée, résolument anti bimbo. Elle avait gardé ce côté « Oiseaux de passage », et aussi ce côté « Théâtre de rues », ce côté « Ya des cigales dans la fourmilière, et vous ne pouvez rien y faire », comme le chantait « La Rue Kétanou ». Tania, toujours décalée et intemporelle, avec ses vêtements de baba, ses pantalons souples, ses gilets de velours, ses sandales brodées, ses foulards flottants comme venus d'un autre monde, et ses longs cheveux noués avec des rubans de toutes les couleurs. L'été, elle faisait des tresses indiennes aux petites filles sur la Place, et elle avait un succès fou. « Il faut danser sa vie » disait elle, « une vie, ça ne se construit pas, ça se danse ! ».

C'était une fille sensible, et elle avait dû pleurer plus d'une fois le soir sur son oreiller, en enlevant rageusement ses chaussures, devant l'absurdité des choses et des êtres. Mais elle avait pris une sorte d'option contre la morosité, qu'elle avait réussi à intégrer jusqu'au plus profond. Et ce malgré l'époque, qui s'était refermée dans la dureté, l'état policier, les précautions, les normes, les lois, les amendements, les règlementations, les décrets, les réformes qui font pire que mieux, l'égoïsme, l'inquiétude et la toute puissance de l'Economie.

Et c'était aussi pour toute cette pétillance profonde, et ce pied-de-nez au qu'en dira-t-on que Maud aimait Tania et l'admirait.

V

Ils s'étaient mis à discuter autour de la table. Il y avait une petite guirlande accrochée à la fenêtre, histoire de dire que c'était Noël. Peut-être aussi quelque nostalgie d'un temps qui fut jadis plus heureux. Peut-être...

La discussion vint, comme souvent, sur le couple, les relations de l'homme et de la femme, et de pourquoi les couples se séparent. Etrangement, Maud commença à s'animer et à parler. Elle disait que, ce n'était pas vraiment le couple, ou même l'un ou l'autre, qui décidait de la rupture, mais que plutôt, il « se passait quelque chose », c'était « comme une lumière qui s'éteint ». Et que, parfois, tout semblait aller bien et pourtant, c'était comme vivre « dans un bain d'acide sulfurique ». A ce moment, Philippe, qui s'était levé pour commencer à préparer le repas, se tourna et dit : « ça c'est précisément de la pure et simple lucidité. » Et leurs yeux se croisèrent encore, et quelque chose se mit à scintiller, comme au firmament.

C'est alors que, tout à coup, Tony se leva, furieux.

Cela se passa très vite. Tony se leva, murmura quelques mots à l'oreille de Tania, puis sortit brusquement sans même dire au revoir, en claquant presque la porte.

Bien que le thermomètre ne marquât pas la moindre baisse de température, cela « jeta un froid », comme dit très justement l'expression consacrée. Tania resta quelques minutes un peu sonnée, puis s'empressa de lever le poids en expliquant. Elle se mit à rire : « C'est incroyable ce qu'il m'a dit en partant, incroyable ! C'est fou d'être jaloux comme ça ! »

Maud était là, un peu absente. Elle regardait les choses autour de la table, presque étrangère à ce qui se passait. Tania continua : « Il m'a dit, (tenez vous bien, ça vaut le détour) il m'a dit, « Je m'en vais, je te laisse, je vois bien que Philippe te plaît, tu as envie de rester avec lui ! » « Complètement à l'ouest, Tony, ce soir, complètement ! » Tania parlait, et riait. Apparemment, elle ne prenait pas les choses au tragique. Philippe ne semblait guère perturbé non plus, habitué sans doute à la relation tumultueuse et chaotique des deux amants fantasques. Maud restait silencieuse, les mains toujours dans les poches de son duffle-coat. Tout à coup, elle se mit à parler, les yeux dans le vague, presque un peu stone.

« C'est pas tout à fait une intuition fausse qu'il a eu, Tony, », dit-elle, comme en rêve. Philippe, qui était debout à préparer sa petite bouffe, se retourna. « C'était pas vraiment faux, ce qu'il disait, Tony. » répéta-t-elle. Tania la regarda, interloquée, prête à répondre. Mais elle s'arrêta, parce que le visage de Maud était devenu intense, parce que, semblait-il, elle allait dire quelque chose venant d'une autre dimension. Il y avait des petites étoiles qui brillaient sur les murs, comme dans « Blanche-Neige », où les petits nains trouvaient des diamants tout taillés dans leur mine.

« C'est vrai, ce qu'il disait Tony… Il y avait une femme qui avait envie de rester avec Philippe ce soir. C'est juste que… » Les yeux de Maud devinrent transparents : « C'est juste que… Il s'est trompé de femme. »

« Qu'est ce que tu dis ? » demanda Tania, qui pourtant avait déjà compris. « Je l'ai dit une fois, » les yeux de Maud étaient de plus en plus lointains, « Des choses comme ça, ça ne se répète pas deux fois. » Le pléonasme n'était pas un luxe. Maud leva les yeux vers Philippe, et elle sut qu'il avait entendu.

VI

Tania se leva au bout de quelques minutes, enfila son manteau et fit la bise, dans une complicité qui ne demandait même pas des formules de politesse. Quand elle eût fait quelques pas dans la rue, elle se tourna pour regarder la petite fenêtre de chez Philippe, avec sa guirlande, de simples petites ampoules blanches, un peu désuète mais si jolie.

Et elle songea à cette chose qui arrive de temps en temps, par ci par là, sans explication et sans raison. Elle songea à ce cristal, à ce diamant, à cette cathédrale qu'est l'amour d'un homme et d'une femme quand ils se rencontrent. Et son cœur déborda de tendresse…

Et la neige recommença de tomber sur les toits de la ville, tout doucement.

***